स्वर्णिम सूत्र

A BOOK OF MICROBLOGS IN HINDI

शत्रुघ्न वत्स

यह पुस्तक समर्पित है मेरे परिवार और मित्र जनों को

क्रम-सूची

1. अध्याय 1 — 1

2. अध्याय 2 — 14

3. अध्याय 3 — 24

4. अध्याय 4 — 35

1

अध्याय 1

1 भोर

भोर में एक ऊर्जा है

भोर में है स्वास्थय

भोर में उठा करो

भोर हम सबके वास्ते

2 फर्ज

काम के आगे फर्ज के आगे

रुक नहीं सकते थम नहीं सकते

ये कहना नामुमकिन है

ये मेरे बस का रोग नहीं

ये मुझ जोगी का जोग नहीं

3 सही गलत

तू करे तो सही मैं करूँ तो गलत

ये कैसा है सबब ये कैसी है गफ़लत

4 दर्द

दर्द भी तू देता है
दवा भी तू देता है
तू इंसान है या छलावा
पल भर में रूप बदल लेता है
सोचता हूँ तुझसे कहीं दूर चला जाउँ
पर तू वहाँ भी पहुँच जायेगा
ऐसा मेरा दिल कहता है

5 ज्वाला

भारत अब कमज़ोर नहीं
इसमें दहकती ज्वाला है
जवाब दिया जायेगा दुरुस्त
पंगा जो चीन ने पाला है

6 शान्ति

बात दिमाग़ में घूमती है
और घूमती रहती है
आवेश आता है पर क्या करें
माँ कहती थी एक चुप सौ सुख
कोलाहल से बढ़कर शान्ति है
पर दुनिया कहाँ मानती है

7 प्रारब्ध

दीप सा जला था मैं
उज्जवल प्रकाश था
माँ की अपनी लाडला
दोस्तों की आश था
वक्त ने करवट बदली
इम्तहान आये बहुतेरे
कुछ मैं जीता
कुछ जीता प्रारब्ध
ये संछर्ष की अविरल धारा है
बहती हुइ नदी की तरह

8 जोश

लड़ने का जोश
आगे बढ़ने का जोश
कायम रहना चाहिए
चाहे जवानी हो या बुढ़ापा
चाहे टेला हो या स्यापा
बढ़ो

9 पर्यावरण

पर्यावरण को बचाना है
हवा दूषित है

पानी दूषित है
अपने प्रयत्नों से
अपने सुकर्मों से
इसे फिर से स्वच्छ बनाना है

10 किलकारी
एक नन्ही सी जान
उसकी प्यार भरी किलकारी
महकता आंगन
मंत्रमुग्ध तन मन
उसे पढ़ाओ लिखाओ
उसे पालो पोसो
कन्या भ्रूण हत्या बंद करो
ये है महापाप
कन्या को हम देवी मानते
करते उसकी पूजा अर्चना
फिर करें ये काम क्यूँ कर
चढ़ायें अनाहक पाप अपने सर

11 नारी
सुनकर समाज की सब तरह की बातें
फिर भी रहती मौन है
नारी बनना आसान नहीं
खोट है तुम्हारी आँखों में
और दोष देते हो मेरे पहनावे को
भूल गये वो दिन

जब पहली किलकारी भरी थी
परिचय हुआ था तुम्हारा मेरे से
दुनिया में ऐसी बहुत सी सभ्यताएं हैं
जहाँ लोग निर्वस्त्र घूमते हैं
वहाँ तो ऐसा कुछ भी नहीं होता
दुनिया में ऐसे बहुत से देश हैं
जहाँ नग्नता को बुरा नहीं मानते
वहाँ तो ऐसा कुछ नहीं होता

12 शिव जी

अनन्त कोटि सूर्य का प्रकाश हैं भगवान शिव
अनन्त कोटि सूर्य का तेज हैं भगवान शिव
शिव जी की उपासना से दुख दरिद्रय मिटता है

13 प्याज

बड़े बड़े घर के लोग
इंटरनेट पर बेचत प्याज
चाहे ठेली वाले से खरीदो
चाहे खरीदो किसी बड़ी वेबसाइट से
कहीं सौदा सस्ता
कहीं सौदा तेज
कुछ भी हो सकता है
डिजिटल बाजार में
जैसे सब कुछ जायज़ है
जंग और प्यार में

14 बच्चियाँ

छोटी छोटी बच्चियाँ
फिरतीं सड़क पर
एक पतले से कुर्ते में
नंगे पैर
भरी सर्दी में
प्रभु रक्षा करे

15 किसान

कुछ लोग कहते हैं कि किसी से कोई अपेक्षा नहीं करनी चाहिये। वही लोग ये भी कहते हैं कि ना तो किसी की कोई हैल्प करो और ना किसी से कोई हैल्प लो। कहीं ये दम्भी मनुष्य की पहचान तो नहीं। अब ये जो किसान आन्दोलन चल रहा है इसमें पूरे हिंदुस्तान के लोग मदद कर रहे हैं। अब ये किसान कहने लगें की हमें तो किसी की मदद की कोई ज़रुरत नहीं। फिर ये आन्दोलन चल पायेगा क्या।

16 संसार

करना है कुछ
तो खुद से खुद का
हौंसला बढ़ाना सीखो
किसी से हौंसलाफज़ाई
की उम्मीद बेकार है
इसी का नाम

तो संसार है

17 बोल

बोल से आदमी दोस्त बनाता है
बोल से बनाता है दुश्मन
जिसके बोल कड़वे हों
और मन हो जिसका काला
उसके लिये दुनिया जहन्नुम है
और रिश्ते ज़हर का प्याला

18 मियाँ बीवी

मियाँ बीवी की नोकझोंक
और मियाँ बीवी के झगड़े
अन्त में हार मियाँ की होती
देखे तगड़े तगड़े

19 समर्पण

शिव को चाहिये समर्पण। चालाकी और चतुराई से तुम शिव को ना
पा पाओगे। अगर कामना श्रेष्ठ है तो उसकी पूरी होने में कोई संदेह नहीं।

20 कर्म

इन्सान को अपने इस जन्म का 80 प्रतिशत तक लेखा जोखा यहीं
इसी जन्म में भुगतना पड़ता है। इसलिये सचेत होकर कर्म करें। भगवान

का भय खायें और बेईमानी ना करें।

21 कुल
अपने दुष्कर्मों से अपने विकर्मों से
ये परिवार ये कुल शापित है शापित है
जाओ भगवान शिव की शरण में
तुम्हारे पापों को क्षमा करने का सामर्थ्य
केवल उन्हीं में है और किसी में नहीं

22 देश
देश का हाल
है बेहाल
रक्षा करो महाकाल

23 रिश्ते
रिश्ते बड़े प्यारे होते हैं
इन्हें सन्जोना पड़ता है
पृथक होकर भी
रब ना मिले
अन्तरआत्मा का पुष्प
स्वतः ही खिले

24 भाई

भाई से बड़ा कोई मित्र नहीं
ना भाई से बड़ा कोई शत्रु
भाई जिसका जिसके संग है
उसके पास आने से पहले
दस बार सोचेगी मृत्यु

25 बातें
ना बातों में गर्मजोशी
ना बोली में मिठास
इस तरह का व्यव्हार करोगे
तो कौन आयेगा तुम्हारे पास

26 हताश
हताश होना निराश होना जीवन का एक पहलू है। ऐसा कोई भी इंसान
नहीं है जो अपने जीवन में कभी निराश ना हुआ हो हताश ना हुआ हो। पर
इन भावों को अपने उपर हावी ना होने देकर इंसान निरन्तर प्रयत्नरत
रहे यही अच्छा है।

27 गिले शिकवे
ना आयोजन में बुलाया
ना समारोह का दिया निमन्त्रण
पुराने गिले शिकवे अभी ताज़ा हैं
हमने भी मुँह मोड़ लिया
हम भी अपनी मर्ज़ी के राजा हैं

28 शत्रु
शत्रु से मित्रता की उम्मीद रखनी बेकार है
वो थोड़ा संभल्ते ही फिर वार करेगा
उसका हृदय परिवर्तन तो होगा नहीं
पर अगर आपने करुणा दिखाई
तो आपका लोक परिवर्तन ज़रूर हो जायेगा

29 प्यार
जब किसी को किसी से प्यार होता है ना तो उसे ज़रा भी तक़लीफ़ हो तो दिल दुखता है। और अगर प्यार नहीं होता तो कुछ भी होता रहे फर्क ही नहीं पड़ता।

30 जीत हार
इन्सान ज़माने से नहीं हारता
खुद से हार जाता है
हौंसले तो बुलंद होते हैं
इरादे भी नेक होते हैं
पर प्रकृती के दांव पेचों में
उलझ कर रह जाता है
इन्सान ज़माने से नहीं हारता
खुद से हार जाता है

31 व्यव्हार

कुछ लोगों का व्यव्हार होता है जैसे कठकना कुत्ता। हमेशा टिन्गल हमेशा तू तू मैं मैं। और कुछ लोगों का व्यव्हार होता है जैसे घने पेड़ की शीतल छाया। उनके सानिध्य में जाकर शान्ति का अनुभव होता है।

32 ईश्वर

किसी भी बात को लेकर ज्यादा परेशान होना ईश्वर के अस्तित्व को नकारता है। अगर उसमें विश्वास है तो फिर परेशानी किस बात की। वो है ना संभाल लेगा।

33 विश्वास

चोरी कर लो कोई दिक्कत नहीं डकैती डाल लो कोई बात नहीं। पर किसी के विश्वास और भावनाओं के साथ खेलना अच्छी बात नहीं।
जनता सबक सिखायेगी
अब ना झांसे में आयेगी

34 नियम

कुछ रुल्स होते हैं जो लिखित होते हैं विदित होते हैं। उन्हें समझना भी आसान है और फोलो करना भी आसान है। कुछ रुल्स होते हैं जो ना कहीं लिखित होते हैं और ना ही विदित होते हैं पर उनका पालन करना आवश्यक होता है।

35 सच्चाई

लोग अक्सर इसलिये भी फ़ेल हो जाते हैं क्योंकि उनकी नम्बरिंग गलत होती है। लोग सोचते हैं की पहले नम्बर पर पैसा और दूसरे नम्बर

पर भगवान। जबकी सच्चाई ये है की पहले नम्बर पर भगवान और दूसरे नम्बर पर पैसा।

36 संतुष्ट

जो आदमी संतुष्ट होता है अपने जीवन से खुश होता है वो ज्यादा शो ऑफ़ ज्यादा दिखावे में नहीं पड़ता। ज्यादा शो ऑफ़ ज्यादा दिखावा संकेत करता है कि उसके जीवन में कहीं ना कहीं अतृप्तता है जिसे वो भरने की कोशिश कर रहा है।

37 संरचना

कुदरत की संरचना इस तरह है कि दोगे तो मिलेगा। हो सकता है तुरंत ना मिले कुछ समय बाद मिले पर मिलेगा ज़रूर। ये सोचकर निष्क्रिय मत हो जाना की इमीडियेट रिज़ल्टस नहीं आ रहे।

38 फब्तियां

आते जाते लोगों पर
फब्तियां कस्ते लोग
जो बेरंग हैं
उनपर जम कर रंग जमाते लोग
जीवन से उदासीन हैं
करने को कुछ काम नहीं
बेवजह का झगड़ा है
पल भर का भी आराम नहीं

39 जद्दो-जहद

ज़िन्दगी की जद्दो-जहद
और ज़िन्दगी का संघर्ष
कुछ पाने की ख्वाहिश
कुछ कर गुज़रने की लालसा
दौड़ाए रखती है हर शख़्स को
बेरोकटोक बेनागा
ज़िन्दगी की जद्दो-जहद
और ज़िन्दगी का संघर्ष

40 निर्बल

ताकतवर आदमी निर्बल का शोषण करता है। और ये प्रथा आज से नहीं बहुत पहले से चली आ रही है। इसका कोई इलाज नहीं। पर हाँ ये है कि किसी निर्बल की हाय नहीं लेनी चाहिये। उसकी हाय समस्त कुल का नाश कर देती है।

2

अध्याय 2

41 मनोहरी

कमलिनी मनोहरी प्यारी बच्ची

9 साल की राजदुलारी बच्ची

पहले हैवानों ने दुष्कर्म किया

फिर कोई सबूत ना बचे

तो शरीर को भी जला दिया

कब बन्द होंगे ये कुकर्म हमारे देश में

छुपे बैठे हैं दरिंदे इंसानों के भेष में

फिर दिल्ली शर्मसार हुई निर्भया के बाद

नित्य बढ़ती जा रही ऐसे जुर्मों की तादात

42 शिव

संसार के जनक शिव

शिव ही करते पालना

और शिव ही करते संहार

शिवरात्रि के उपलक्ष्य में

सभी शिवभक्तों को

सभी बंधुओं को

ढेरों प्यार

43 करुणा

दया के पात्र हैं वो लोग

जिनके हृदय में करुणा नहीं

जिनको किसी को दुख में देखकर

किसी को भोगना में देखकर

दया नहीं आती

ये भाव तो इंसान और पशुओं

को अलग करता है

ये इंसानियत का भाव है

ये मानवता का भाव है

44 अनुशासन

आत्म अनुशासन सेल्फ डिसीप्लिन अति आवश्यक है। ये ना हो तो छोटे से छोटा मुकाम पाना भी मुश्किल। और अगर ये हो तो बड़ी से बड़ी बाधा भी चुटकी भर में पार।

45 आनन्द

मंज़िलें तो आती रहती हैं मंज़िलें तो जाती रहती हैं। उनका लोभ नहीं है। लोभ है श्रणिक सुख का लोभ है श्रणिक आनन्द का।

46 इम्तिहान

कठिनाई सबसे पहले इंसान के धैर्य का इम्तिहान लेती है। फिर लेती है इम्तिहान इंसान के विवेक का। और जब इसकी अवधी पूरी हो जाती है तो ये स्वतः ही विलीन हो जाती है। यही नियम है।

47 निगेटिविटी

कुछ लोग निगेटिविटी एट्ट्रेक्ट करने की और निगेटिविटी प्रोड्यूस करने की मशीन होते हैं। उनके औरा से हर समय निगेटिविटी का स्राव होता रहता है। कोशिश करें ऐसे लोगों से दूर रहें।

48 वाणी

वाणी पर नियन्त्रण अति आवश्यक है। ये कई बार आदमी को मुश्किल परिस्थिती से निकाल भी लेता है। और कई बार आदमी को मुश्किल परिस्थिती में डाल भी देता है। अतैव सचेत रहें।

49 भाव

हर भाषा की अपनी अलग खासियत होती है। कुछ भाव इंग्लिश में अच्छे लगते हैं तो कुछ भाव हिन्दी में अच्छे लगते हैं। अगर उन्हें ट्रांसलेट किया जाये तो उनका मूल स्वरूप खत्म हो जाता है।

50 भ्रष्टाचार

भ्रष्टाचार कभी ना जावे
लौट लौट के वापस आवे
ये रम बस चुका है
देश की रगों में
हर बकरा हलाल होता
चाहे परायों में
चाहे सगों में

51 मदद

मदद उसी आदमी की की जा सकती है जो मदद लेना चाहता हो।
अब कोई ये सोचे की भगवान स्वयं आकर मदद करे वो तो संभव नहीं
है। इंसानी रूप और इंसानी काया से ही मदद मिलेगी।

52 माया

लोग कहते हैं
मोह माया छोड़ दो
सारे रिश्ते तोड़ दो
और प्रभु सेवा में लग जाओ
उससे क्या मिलेगा
रिश्तों में रहकर भी
प्रभु सेवा की जा सकती है
उसमें क्या आपती है

53 मित्र

दोस्ती का रिश्ता
सब रिश्तों से बढ़कर है
कभी भूल कर भी
मित्र को दुख मत देना
मुसीबत के वक्त में
कोई काम आये ना आये
मित्र ज़रूर काम आयेगा
ये समझ लेना

54 भ्रमित

कुछ लोगों का काम होता है दूसरे लोगों को भ्रमित करना। और ये उनकी 24 आवर्स इयूटी होती है। वो हमेशा इसी उधेड़बुन में लगे रहते हैं की कैसे दूसरे आदमी को भ्रमित किया जाये कनफ्यूस किया जाये। इससे उन्हें क्या लाभ मिलता है पता नहीं।

55 प्रयास

अगर आप कुछ नहीं कर सकते तो एक काम ज़रुर करें - प्रयास

56 स्नेह

अनकन्डीशनल लव (बेशर्त स्नेह) बड़ी से बड़ी बीमारी को मात दे देता है। अनकन्डीशनल लव बड़ी से बड़ी दुविधा को दूर कर देता है। अगर आपके पास ये है तो आपसे अच्छी किस्मत वाला कोई नहीं।

57 विश्वास

अगर हम सोचें की दुनिया बेइमानों से भरी हुई है, किसी पर भी विश्वास मत करो ट्रस्ट नोबडी तो फिर हमें ऐसे ही लोग मिलेंगे। और अगर हम मन में विश्वास का वातावरण बनायें तो हमें विश्वास्पात्र मिलेंगे। काफी हद तक हमारी सोच हमारे अनुभव निर्मित करती है।

58 विश्वास

मीरा ने पिया विष का प्याला, विष को भी अमृत कर डाला। ये मीरा का विश्वास ही था जिसने विष को भी अमृत कर दिया। विश्वास में बड़ी शक्ति होती है।

59 प्रयत्न

भगवान ऐसे challenges आपको देंगे ही नहीं जिन्हें आप कभी भी पूरा ना कर पायें। हाँ आपको प्रयत्न तो करना पड़ेगा। Fight tough हो सकती है impossible नहीं।

60 मार्ग

भगवान बुद्ध की बहुत सारी शिक्षाओं में से एक प्रमुख शिक्षा ये भी है की इंसान को मध्य मार्ग का अनुसरण करना चाहिये। ना तो किसी चीज़ की अति हो और ना ही कोई चीज़ बहुत कम मात्रा में हो। इससे जीवन व्यवस्थित रहता है।

61 शान्ति

अगर आपको शान्ति चाहिये तो सबसे पहले आपको अपने मन में शान्ति का वातावरण निर्मित करना होगा। आपको बस शान्ति का अनुभव करना है और कुछ नहीं। आप देखेंगे चमत्कारिक तौर पर आपके चारों ओर शान्ति पसर जायेगी।

62 होशियारी

ज्यादा चालाकी करना, ज्यादा होशियारी करना, किसी पर भी विश्वास ना करना - ये सब एक लिमिट तक ही सही हैं। उसके बाद ये दुखदायी हो जाती हैं।

63 जीवन

धन लाभ, स्वास्थ्य लाभ, कार्य लाभ - इन तीन गतिविधियों से आनन्द की अनुभूति होती है। ये तीनों गतिविधियाँ निहित समय पर चलती रहें तो जीवन प्रसन्नचित बना रहता है।

64 योजना

भगवान के पास प्रभु के पास हम सब के लिये एक दिव्य योजना होती है। जिसे अंग्रेज़ी में destiny भी कहा जाता है। अतः विषम परिस्थिती में बहुत ज्यादा विचलित ना हों और भरोसा रखें।

65 हुनर

जब दृश्य और दृष्टा एक हो जायें
जब ज्ञाता और ज्ञेय में कोई फर्क ना रहे
तब जाकर सधती है कोई बात
तब जाकर सधता है कोई हुनर

66 रिश्ते

पुराने रिश्ते टूटते हैं
नये रिश्ते बन जाते हैं
टूटने का ग़म नहीं
हम भी किसी से कम नहीं
नये का स्वागत करो
बाहं पसारे होंठों पर मुस्कान
पुराने अजीवित रिश्तों पर
बेकार है देना ध्यान

67 प्रार्थना

अगर प्रार्थना एक बार में कुबूल ना हो तो दोबारा करें। प्रार्थना को दोहराने में कोई हर्ज़ नहीं है। आप देखेंगे की एक समय के बाद आपकी प्रार्थना को स्वीकृति मिल जायेगी।

68 जंजाल

मूरख की दोस्ती
जान का जंजाल

69 ज़िन्दगी

ज़िन्दगी हारती नहीं है
मुश्किल घड़ी में भी
विषम परिस्थितियों में भी
फिर खड़ी हो उठती है
दोबारा लड़ने के लिये
ज़िन्दगी हारती नहीं है

70 रिश्ते

कभी कभी जंग खाये रिश्ते भी अपने आप चमकने लगते हैं। कभी कभी नये नवीन रिश्ते भी जंग खाने लगते हैं। कौन सा रिश्ता कब चमकने लगे और कब जंग खाने लगे कुछ कह नहीं सकते। खेल है कुदरत का।

71 सुख दुख

जैसे सुख सहने की आदत पड़ जाती है वैसे ही दुख सहने की भी आदत पड़ जाती है। कोई आदमी दुख में है और आप उसे बोलें की भाई तू ये करले तो तू दुख से बाहर आ जायेगा तो वो नहीं करेगा। वो भगवान को कोसेगा, सरकार को blame करेगा, system को blame करेगा पर अपने दुखों से बाहर आने की चेष्टा नहीं करेगा।

72 व्यवहार

दिल का सौदा
दिल से हो
तो कितना अच्छा है

बाकी तो दुनिया
व्यवहार से
भरी पड़ी है

73 रिश्ते

रिश्ते निभाने के लिये झुकना पड़ता है। अगर बिल्कुल भी नहीं झुकेंगे तो रिश्ते नहीं निभ पायेंगे। Ego आड़े आयेगी तो मुश्किल हो जायेगी। थोड़ा बहौत compromise तो करना पड़ेगा।

74 मौन

अपने हृदय के अंदर स्थित आन्तरिक मौन से नाता जोड़ें और आनन्द की अनुभूति करें। शान्ति की अनुभूति करें। दिन में थोड़ा समय आन्तरिक मौन के साथ बितायें और स्वास्थ्य लाभ प्राप्त करें।

75 मिथ्या

कभी कभी मिथ्या भाषण भी करना चाहिये। इससे हृदय मजबूत होता है। इस सृष्टि में ना तो सबकुछ झूठ है और ना सबकुछ सच है। Life को ज्यादा seriously लेने वाले लोग देखा गया है अक्सर परेशान ही रहते हैं।

76 रीडिंग

Reading का शौक पालो। ये एक तरह का meditative भी है। और साथ में ज्ञान प्राप्त होता है वो अलग है।

77 अहंकार

रावण सरीखे लोग खूब हैं इस युग में भी। अहंकार से ओतप्रोत और किसी की सुननी नहीं। कोई नुकसान हो जाये तो सम्भलने की बजाय आत्मचिन्तन करने की बजाय हर नुकसान पर अहंकार और बढ़ता जाये।

78 दोस्त

दोस्ती से बड़ा इस दुनिया में कोई भी रिश्ता नहीं है बंधुओं - मानो या ना मानो। दोस्त को देखके बाँछें खिल जाती हैं ?

79 नींद

नींद भी एक तरह का ईश्वरीय अनुभव है। अच्छी नींद आने पर मानसिक एवं शारीरिक दोनों ही तरह की थकान मिटती है। Blood pressure normal हो जाता है, heart beat regulate हो जाती है और शरीर नयो उर्जा से प्रफ्फुलित हो उठता है।

80 शिव जी

शिव जी की पूजा
और शिव जी का ध्यान
अगर करोगे बन्धु
तो फायदे बहुतेरे हैं
शिव जी ध्यान रखेंगे आपका
विनायक की तरह

3

अध्याय 3

81 राजनीती

शिक्षा, स्वास्थ्य, रोज़गार और कानून व्यवस्था - ये सब तो पुराने चुनावी मुद्दे हैं ही। कुछ और मुद्दे भी हैं जैसे विकास, साफ सफ़ाई, स्वछता और फ्री बिजली और ना जाने क्या क्या। इन्हीं मुद्दों के बल पर politicians ना जाने कब से भोली भाली जनता को छल रहे हैं।

82 सरकार

सिर्फ मिथ्या भाषण से सरकारें नहीं चलती। हाँ हँसी ठिठोली करनी हो तो मिथ्या भाषण ठीक है। ज़मीनी level पर आम आदमी के लिये क्या किया वो बताओ।

83 सुख दुख

जीवन सुख दुख की भूलभुलअइयाँ
कभी दुख आवे कभी सुख आवे
इंसान कितना भी चातुर्य कर ले

पर इनसे बच ना पावे ??

84 खुश

खुश वो आदमी है जो छोटी छोटी खुशियों को मेहसूस करे। खुश वो आदमी है जो रिश्तों की अहमियत को समझे। अगर आप सोचते हैं की बहुत ज्यादा पैसा कमाकर आप बहुत ज्यादा खुश हो जायेंगे तो ऐसा है नहीं।

85 गुरु

गुरु आपका स्वयं से परिचय कराता है। एक बार स्वयं से परिचय हो जाये तो प्रभु मिलन सुलभ है। गुरु हमारे और परमात्मा के बीच की वो कड़ी है जिसका अगर श्रद्धापूर्वक सही से उपयोग किया जाये तो जीवन सफल हो जाता है।

86 मौन

मौन में बड़ी शक्ति होती है। मौन से मन को बल मिलता है। इसलिये हमें दिन में कुछ समय मौन में रहना चाहिये। और मौन का अर्थ ये नहीं की सिर्फ बोलना बन्द किया और मौन हो गया। आन्तरिक विचारों को भी लगाम लगना चाहिये।

87 परिश्रम

परिश्रमी आदमी कभी कभी अहंकारी हो जाता है। वो सोचता है की मैं परिश्रम कर रहा हूँ और उसका फल मिल रहा है इसमें भगवान का क्या रोल है। इस कर्म प्रधान सृष्टि में अगर कर्म करोगे तो फल तो मिलेगा

ही इसमें दो राय नहीं हैं। पर वो आदमी ये नहीं सोचता की उसे परिश्रम करने का सामर्थ्य भगवान ने ही दिया है। भगवान चाहें तो कुछ ही पलों में वो सारा सामर्थ्य गायब कर सकते हैं।

88 सफर
ज़िन्दगी एक सफर है
हर तरह के लोग मिलते हैं
कुछ खुशियाँ दे जाते हैं
कुछ उदास कर जाते हैं
पर परमात्मा का नाम
अगर मन में चले
तो सफर का मज़ा
भरपूर आता है

89 युध्द
संवाद जारी रहना चाहिये। संवाद ना होने के कारण बहुत से रिश्ते असमय खत्म हो जाते हैं। मौजूदा वैश्विक संकट सार्थक संवाद ना होने का ही नतीजा है। जब इन्सान सिर्फ अपना पक्ष देखेगा और दूसरे के पक्ष को पूर्णतया नज़रंदाज़ करेगा तो उसका परिणाम युध्द ही है।

90 बेटी
बेटा हो या बेटी
फर्क मत कीजिये
समाज की बातों पर
ध्यान मत दिजीये
बुढ़ापे में कौन आयेगा

कुछ कह नहीं सकते
बेटी साथ देगी
बेटा चलेगा अपने रस्ते

91 लक्ष्य

सहज पके सो मीठा होय। किसी कार्य को अगर उसकी सही गती से किया जाये तो उसे करने में आनन्द भी आता है और वह अपने लक्ष्य को भी प्राप्त करता है। जल्दबाजी अक्सर काम बिगाड़ देती है।

92 सफलता

असफलता को कभी भी मन से नहीं लगाना चाहिये। सफलता क्या है - दो right energies का मेल। असफलता क्या है - दो wrong energies का मेल। जहाँ दो right energies मिलीं सफलता रूप ले लेगी। इसलिये कभी भी प्रयत्न करना ना छोड़ें।

93 अहंकार

अहंकारी आदमी के अहंकार को पोषित करती है जीत। जितना वो जीतता जाता है उतना ही उसका अहंकार बढ़ता जाता है। पर कहते हैं ना की अति के बाद अन्त है। फिर एक समय ऐसा आता है जब उसका अहंकार समाप्त हो जाता है।

94 व्यथित

भगवान कहते हैं उन्हें वो व्यक्ति प्रिय है जो दुख आने पर बहुत ज्यादा व्यथित बहुत ज्यादा व्याकुल ना हो। दुख और सुख में समान अवस्था रखने वाला व्यक्ति भगवान को प्रिय है। ऐसे व्यक्ति को स्थिर बुद्धि कहा जाता है और हमें कोशिश करनी चाहिये की हम भी ऐसे ही

बनें।

95 आध्यात्म

किसी की रुचि आध्यात्म में होती है तो किसी की रुचि पदार्थ में होती है। कौन सही है और कौन गलत है ये कहना मुश्किल है। जिसको जिसमें मजा आये। आध्यात्म नहीं करोगे तो मन व्यथित रहेगा और पदार्थ नहीं करोगे तो भिक्षाटन करना पड़ेगा।

96 बदलाव

ज़माने के साथ बदलना चाहिये। नहीं बदलेंगे तो मिट जायेंगे। यही ज़माने की रीत है।

97 वरदान

आपत्ती में भी भगवान का धन्यवाद अदा करें। भगवान के पास हमारे लिये योजनायें होती हैं। क्या पता जिसे हम आपत्ती समझ रहे हैं वह आगे चलकर वरदान साबित हो।

98 हरि भजो

रामायण में लिखा है की बिना हरि भजन के कष्ट नहीं कटेंगे, दर्द नहीं मिटेंगे। इसलिये हरि भजो। जय श्री हरि।

99 मुकाम

मनुष्य को जन्म से ही असीम शक्तियां प्राप्त होती हैं। जो उसके अन्तहमन में कहीं छुपी रहती हैं। ज़रूरत है तो सिर्फ उन शक्तियों को उजागर करने की जिससे मनुष्य अकल्पनीय मुकाम हासिल कर सकता

है।

100 पर्यावरण

पर्यावरण सुरक्षा आज की तारीख में बहुत ही महत्वपूर्ण मुद्दा है। पर्यावरण संसाधनों का आव्यशक्ता से अधिक संचय एवं दोहन एक तरह का असन्तुलन निर्मित कर रहा है। इससे मानव समाज में बीमारियों का जन्म होता है।

101 प्रकाश

Knowledge sets you free
ज्ञान प्रकाश की ओर ले जाता है
ज्ञान आज़ादी की ओर ले जाता है

102 वर्तमान

दूसरे की खुशी को अपनी खुशी दूसरे के सुख को अपना सुख समझेंगे तो जीवन बेहतरीन बन जायेगा। वर्तमान में जियें। वर्तमान को पूरे उत्साह पूरी उमंग पूरे उल्लास के साथ जियें। अत्याधिक संचय करने से बचें।

103 चित्त

चित्त की प्रसन्नता परमात्मा की देन है। किसी के पास सबकुछ होता है फिर भी उसका चित्त प्रसन्न नहीं रहता। और किसी के पास ज्यादा कुछ ना होते हुए भी वह प्रसन्नचित्त रहते हैं।

104 कामना

गीता में भगवान श्री कृष्ण ने कहा है की इन्सान को निष्काम भाव से कर्म करने चाहियें। निष्काम भाव यानि किसी भी कर्म को करने के बाद उससे कोई आस कोई कामना ना रखें। इससे मुक्ति का मार्ग प्रशस्त होता है।

105 प्रेम

जिस आदमी के पास देने के लिये सिर्फ प्रेम है उससे लड़ना बेकार है। उसके पास घृणा है ही नहीं जो वो तुम्हारा मुकाबला करे। अन्त में तुम्हे ही हथियार डालने पड़ेंगे क्योंकि प्रेम के आगे तो सृष्टि विवश है।

106 इंटरनेट

इंटरनेट एक रूप अनेक। कोई इंटरनेट को भजन कीर्तन के लिये इस्तेमाल करता है तो कोई उसपर अश्लील पिच्चरें देखता है। कोई इसपर भगवान को मनाने का तरीका खोजता है तो कोई इसपर बम बनाने का तरीका सीखता है। जैसी जिसकी फ़ितरत वैसे उसके कर्म।

107 ज़िन्दगी

धन दौलत, पद प्रतिष्ठा और मान सम्मान - इन्हीं बातों के इर्द गिर्द इन्सान की ज़िन्दगी घूमती है। इन्हें पाने के लिये इन्सान क्या क्या रास्ते नहीं अपनाता। और भगवान भी यही चाहते हैं की हम इन सब को प्राप्त करें।

108 अवसर

लोगों से मिलना लोगों से बातें करना अवसर का निर्माण करता है। अगर आप किसी अवसर की तलाश में हैं जैसे रोज़गार का अवसर या कोई काम अटका हुआ हो तो लोगों से मिलें उनसे बातें करें। आप देखेंगे की कुछ ही समय के पश्चात आपको वह अवसर मिल जायेगा जिसकी आपको तलाश है।

सुप्रभात ??

109 उपचार।

योग, प्राणायाम, ध्यान, आयुर्वेद और naturopathy - इन्हीं पांचों में सम्मिहत है सभी रोगों का उपचार।

सुप्रभात ??

110 जीवन

चाहे सुख आये चाहे दुख भगवान का भजन तो करना ही है। चाहे सुख आये चाहे दुख भगवान का पूजन तो करना ही है। अगर ये बात मन में बैठ जाये अगर ये विचार चित्त में जगह बना ले तो जीवन सुफल हो जाये।

111 गोविंद

किसी का बुरा ना करें। किसी के भी बारे में बुरा ना सोचें। पवित्रता आवश्यक है नहीं तो गोविंद ना मिलें।

112 गृहण

सुनते सब हैं देखते सब हैं पढ़ते सब हैं पर कौन कितना ग्रहण करता है ये मायने रखता है। ग्रहणशील बनें।

113 चिंतन

भगवान शिव सबको दे सकते हैं सब कुछ दे सकते हैं। उनका चिंतन करें उनका मनन करें। भगवान शिव को अपना अधीष्ट बनायें।

114 आनन्द

Stop and smell the roses. थोड़ा विराम लें थोड़ा आनन्द लें। और फिर आगे बढ़ें।

115 संत

संत जनों के दर्शन मात्र से कष्ट मिटने लगते हैं। सिध्द पुरुषों के दर्शन मात्र से दुख दूर होने लगते हैं। उनका श्रवण करें एवं उनकी बातों को जीवन में धारण करें।

116 विशिष्ट

किसी ने सही कहा है की चाय से ज्यादा तो केतली गर्म होती है। विशिष्ट लोगों के चमचों के भाव भी कुछ कम नहीं होते। ऐसे लोगों के ज्यादा मुहँ नहीं लगना चाहिये।

117 आध्यात्म

आध्यात्म ही बचाता है
आध्यात्म ही सिखाता है
अगर गलत राह पकड़ लो
तो सही राह पर लाता है
उदासीनता से उभारता है
भवसागर को तारता है
जो बोले राम और शिव
वो कभी नहीं हारता है

118 नियम

उपकार करो वो वापिस आएगा।
बेईमानी करो वो वापिस आएगी।
जो करोगे वो मिलेगा ज़रूर।
अच्छा हो या बुरा सही हो या गलत।
यही नियम है।

119 फर्ज

काम के आगे फर्ज के आगे
रुक नहीं सकते थम नहीं सकते
ये कहना नामुमकिन है
ये मेरे बस का रोग नहीं
ये मुझ जोगी का जोग नहीं

120 मन
मन साफ
तो सब कुछ माफ
और मन काला
तो क्या करेगी
रुद्राक्ष की माला

4

अध्याय 4

121 रिश्ते

रिश्तों की भी उम्र होती है
जब उम्र पूरी हो जाती है
तो रिश्ते टूट जाते हैं
जब उम्र पूरी हो जाती है
तो रिश्ते खत्म हो जाते हैं
अन्त का स्वागत करें
सहृदय उसे स्वीकारें

122 बेफ़िक्री

एक ट्रक के पीछे लिखा हुआ था - जिन्हें जल्दी थी वो चले गये।
जीवन को बेफ़िक्री से जियें। ज्यादा ऊहापोह में ना पड़ें।

123 उत्तीर्ण

भगवान परीक्षा लेते हैं। भगवान परीक्षा लेते हैं धैर्य की भगवान परीक्षा लेते हैं विश्वास की। और वो ये सुनिश्चित करते हैं की हम उसमें उत्तीर्ण हों।

124 प्यार

प्यार का पैसे से कोई सम्बंध नहीं। हाँ इज़हार का है। यानि प्यार का आप पैसे से इज़हार कर सकते हो। परंतु जिसके पास पैसा हो सिर्फ उसी से प्यार हो - ये मुमकिन नहीं।

125 वैराग्य

वैराग्य का अर्थ ये नहीं की सबकुछ छोड़ देना सब कुछ त्याग देना। वैराग्य का मतलब है की जो कुछ भी है उसमें संतुष्ट रहना। परमेश्वर का धन्यवाद करना और आभार भाव में जीना।

126 उत्साह

काम करते रहने से उत्साह बना रहता है। अकर्मण्य व्यक्ति उत्साह हीन हो जाता है। इसलिये काम करते रहें।

127 अहंकार

किसी ने सही कहा है की नेकी कर दरिया में डाल। परन्तु जब इंसान में मैं और मैंने किया का भाव आ जाये तो अहंकार होना स्वाभाविक है। अहंकार क्रोध को जन्म देता है और क्रोध अक्सर काम बिगाड़ देता है।

128 बंजरपन

ये बंजरपन ये खालीपन
ये शुष्कता ये अभाव
कभी कभी
अच्छा लगता है
इससे हृदय को आराम मिलता है
और विचारों को अल्प विराम मिलता है

129 लीला

जहाँ शिव जी निवास करते हैं उसके आसपास भूत प्रेत डाकिने शाकिने चुड़ैलें अपने आप ही डेरा डाल लेती हैं। ये शिव जी की लीला है। शिव जी अनोखे हैं औघड़ दानी हैं और बेमिसाल हैं।

130 भाव

आप जिस भाव से दुनिया को देखोगे दुनिया वैसी ही नज़र आयेगी। आप घृणा के भाव से देखोगे तो चारों तरफ घृणा ही घृणा नज़र आयेगी। आप प्रेम के भाव से देखोगे तो चारों तरफ प्रेम ही प्रेम नज़र आयेगा। अगर बाहर बदलाव लाना है तो सबसे पहले अपने अन्तहमन में परिवर्तन लाना होगा बाकी अपने आप हो जायेगा।

131 आध्यात्म

खुश रहने के लिए सिर्फ दो चीज़ चाहिए - थोड़ा सा आध्यात्म और थोड़ा सा पैसा। आध्यात्म से मन को सुकून मिलता है और पैसे से तन को। परमानंद की जो अवस्था है वो आध्यात्म से ही प्राप्त होगी।

132 समाधान

प्रॉब्लम का सॉल्यूशन उसके आसपास ही होता है कहीं दूर जाने की जरूरत नहीं है। समस्या का समाधान पाना है तो नज़दीक में ही नजरें दौड़ाएं समाधान मिल जाएगा।

133 धारणा

मैं ही सही बाकी सब गलत। ये सोच ये धारणा गलत है।

134 चेत

या तो तुम खुद चेत जाओ या किसी ऐसे आदमी के संपर्क में आ जाओ जो चेता हुआ हो। अगर इनमें से कुछ भी नहीं है तो मामला गड़बड़ा सकता है।

135 आश्चर्य

ज्ञान की जब अति हो जाती है तो आश्चर्य खत्म हो जाता है। इसीलिए अंग्रेजी में कहावत भी है स्टे हंगरी स्टे फूलिश। परमात्मा की बनाई हुई इस सृष्टि को सराहो और उनके ध्यान में मगन रहो।

136 ध्यान

ध्यान किया नहीं जाता ध्यान घटित होता है। अगर आप कह रहे हैं की मैं ध्यान कर रहा हूँ या मैं ध्यान करने जा रहा हूँ तो ऐसा कहना अनुचित होगा। निर्विचार जागरण का नाम ही ध्यान है।

137 भूख

भूख के बारे में बहुत कुछ कहा जा चुका है। भूख लगने पर हम भोजन गृहण करते हैं जिससे हमारे हमारे शरीर का पोषण होता है। अगर हम भूख लगने पर भी कुछ समय तक ना खायें तो उसके भी अनेकानेक फायदे हैं। अल्प समय तक उपवास रखने से शरीर की बहुत सी बीमारियों का क्षय होता है। इसलिये पेट को खाली भी रखें। उपवास का आध्यात्मिक महत्व तो है ही साथ ही साथ निज स्वास्थ्य के लिये भी ये बहुत लाभकारी है।

138 भक्त

किसी भी स्थिति में किसी भी परिस्थिती में भगवान का निर्णय सर्वोपरि होता है। और हमें उसका आदर करना चाहिये। ये सोचकर की भगवान कभी भी अपने भक्तों का बुरा नहीं सोचेंगे।

139 गति

जब ट्रेन या बस कहीं रुक जाये या गाड़ी जाम में फंस जाये तो समय काटना कितना मुश्किल होता है। खाली बैठें तो एक दो घन्टे काटना भी मुश्किल और काम में बिज़ी हों तो आठ दस घन्टे कब बीत जायें पता ही

ना पड़े। गति ही जीवन है रुक गये तो खत्म।

140 खुशी

एक बहुचर्चित धर्मगुरू का एक लेख पढ़ा जिसमें उन्होंने लिखा हुआ है कि मानव जीवन में पैसा ही सबकुछ है बाकी कुछ भी नहीं। इतने नामी गिरामी धर्मगुरू के ऐसे विचार पढ़कर बहुत आश्चर्य हुआ। जितना पैसा जिसके लिये पर्याप्त है वह कुदरत उसको मुहैया कराती है ऐसा विधान है। खुशी तो मन की एक अवस्था है।

141 रिश्ते

जिस रिश्ते की बुनियाद ही झूठ पर रखी गयी हो वो कभी सफल नहीं हो सकता। धोखेबाज इन्सान के साथ धोखे ही होते हैं। एक सीधे सादे इन्सान के साथ बेइमानी करके इन्सान अपनी बर्बादी के सारे रास्ते खोल देता है।

142 धन

जिस धन पर अपना हक ना हो
वो धन रखना हराम है
अच्छे की तो उम्मीद मत रखना
इसका बुरा अंजाम है

143 कर्म

दुनिया कर्म स्थली है, अकर्मण्य लोगों के लिये यहाँ कोई स्थान नहीं। इसलिये हमेशा अपने आप को किसी ना किसी कार्य में व्यस्थ रखें। अपनी संगत ध्यान से चुनें। उसका आप पर गहरा असर है। निकम्मे, आलसी और अकर्मण्य लोगों से सदैव दूरी बनाकर रखें। ऐसे लोगों से से सम्बंध बनाकर रखने पर आपके बने हुए काम बिगड़ेंगे यह निश्चित है।

144 शुक्रिया

हरेक को अपनी ही परेशानी सबसे बड़ी लगती है। जरा दूसरे की ज़िन्दगी में झांक कर तो देखो तो पता चलेगा की लोग कैसी कैसी परिस्थितियाँ झेल रहे हैं। इसलिये भगवान ने जितना दिया जो दिया उसका शुक्रिया अदा करो और अपने अपने कार्य में प्रदत्त रहो।

145 परीक्षा

जीवन परीक्षाओं से भरा हुआ है। हर पल में परीक्षा है हर कदम पर परीक्षा है। इसलिए सूझ बूझ से काम लें। गुत्थी इतनी आसान भी नहीं है। तारों में से तार जुड़े हुए हैं। और जब तक जीवन है ये परीक्षाएं तो चलती रहेंगी। इसलिए लगे रहें और डटे रहें और जीवन का भरपूर आनंद लें। जय हो नीली छतरी वाले की जिसने ये अद्भुत जहां बनाया।

146 क्रिया

नींद, भूख, पाचन तंत्र और मन - ये चार क्रियायें और तत्व हमारे पूरे शरीर के स्वास्थ्य को परिभाषित करते हैं। इनमें से एक भी बिगड़ जाये तो उसका प्रभाव पूरे शरीर पर पड़ता है। अगर आपने ये चारों साध लिये तो निश्चित है की आपको कोई बीमारी होने वाली है नहीं।

147 दोस्त
अब दोस्तों के बारे में क्या कहें जनाब
जितना कहें उतना ही कम है
दिल की बात करनी है
तो दोस्त हाज़िर हैं
कोई खुशी सेलिब्रेट करनी है
तो दोस्त हाज़िर हैं
अगर हाथ तंग चल रहा है
तो दोस्त हाज़िर हैं
अगर गम गलत करना है
तो दोस्त हाज़िर हैं
बिना दोस्तों के जिंदगी ऐसी है
जैसे बिना पानी के मुरझाया हुआ पौधा
इसलिये दोस्ती कायम रखें ?

148 फूल
मन की व्यथा किसे सुनाएं यारों
किसको समझाएं किसको मनाएं यारों
जब किस्मत में लिखे हों सिर्फ कांटे
तो फूल कहां से लाएं यारों

149 बुद्ध

बारह वर्षों के उपरांत ज्ञान प्राप्त करने के बाद जब भगवान बुद्ध अपने राज्य पहुंचे तो यशोधरा उनकी धर्मपत्नी ने उनसे सवाल किया। उन्होंने पूछा की हे भगवन जिस ज्ञान को प्राप्त करने के लिए आप हम सब को छोड़कर वन में गए थे क्या वह आपको घर पर ही प्राप्त नहीं हो सकता था। तो भगवान बुद्ध ने बड़ी ही सादगी से उत्तर दिया की यकीनन वह हमको घर पर रहकर भी प्राप्त हो सकता था परंतु इस बात का पता हमको वन में जाने पर चला। इसलिए बंधुओं कहीं भटकने की ज़रूरत नहीं है घर पर रहें ध्यान करें और खुश रहें। ??।

150 महत्वकांक्षाएं

शीर्ष नेता जनता की सेवा के बजाय अपनी महत्वकांक्षाएं पूरी करने में लगे हुए हैं। इससे देश का कुछ ज्यादा भला होने वाला है नहीं। पर चलो ये इतमिनान तो है की देश स्थिर है।

151 दुनिया

जो किया है वो भरना पड़ेगा कितना ही भगवान का नाम ले लो कोई फर्क नहीं पड़ने वाला। भगवान का इस दुनिया के दैनिक कार्यकलापों में कोई हस्तक्षेप नहीं है। पूर्व निर्धारित नियमों के अनुसार ये दुनिया चल रही है और चलती रहेगी।

152 आध्यात्म

आध्यात्म के नाम पर लोगों को भटकाया जा रहा है। सभी अपनी अपनी जेबें भरने में मशगूल हैं। सच्ची बात कोई नहीं बोलता की मकसद पैसा बनाना है।

153 माया

सब माया का खेला है
माया बड़ी बलवती है
इसके आगे सब हारें
हर ताक़त घुटने टेकती है

154 धन्यवाद

भगवान का धन्यवाद देने की आदत डालें Try to live in gratitude. अगर आप हर छोटी बड़ी बातों में भगवान का धन्यवाद देते हैं तो ये एक बड़ी पूजा के समान होगा। ये क्रिया आपके जीवन को खुशियों से भर देगी।

155 गण

सारी दुनिया शिव जी को ढूंढ़ती है और शिव जी अपने गणों को ढूंढते हैं। अगर शिव जी का सामिप्य पाना है तो उनके गणों जैसे बन जाओ शिव जी मिल जायेंगे। हाँ अगर मालिक बनकर ढूंढोगे तो नहीं मिलेंगे।

156 जीत

धनवान आदमी जीत तो जाता है
पर वो कभी इतना धनी नहीं हो सकता
की पूरे सिस्टम को खरीद ले
ये एक दुविधा है

जिसका कोई उपाय नहीं

157 सियासत
लड़ाई की भी एक मर्यादा होती है
दुश्मनी की भी सीमा होती है
ऊपर जाकर मुँह भी दिखाना है
सियासत की भी एक गरिमा होती है

158 अधिकार
इस देश के संसाधनों पर सभी का समान अधिकार है। चाहे वो अमीर हो या चाहे वो गरीब हो। और वो उसे मिलना ही चाहिए। थोड़ा कष्ट ज़रूर होगा पर मिलेगा जरूर।

159 विचारधारा
भिन्न विचारधारा के लोगों को समझाने से कोई फायदा नहीं। आप पूरब बोलोगे और वे पश्चिम बोलेंगे। ना तो इनमें से कोई सही है और ना इनमें से कोई गलत। विचारधारा का अन्तर है कन्डीशनिंग ही ही अलग हुई है। वाद विवाद में समय व्यर्थ होगा और कुछ नहीं। वैष्णव जन तो तेने रे कहिये जे पीड़ पराई जाने रे।

160 सत्य
प्रार्थना तो वही है जो सुन ली जाए
वरना बड़े बड़े श्लोक

और बड़े बड़े मंत्रों का क्या महत्व
सच्चे हृदय से निकला हुआ एक शब्द भी
प्रभु सुन लेते हैं
और कपटी हृदय से निकली हुई मन घडंत्र बातें
प्रभु नकार देते हैं
यही सत्य है